INSEKTSLIV

En fabel av

HIPPOKRENE

FAARIKAAL FORLAG

1999/2016

Alle illustrasjoner: Inger Svindahl

ISBN 978-82-690248-3-8

INSEKTSLIV – en fabel

Det er tidlig om morgenen, og solen er akkurat oppe. Fuglene holder morgen-konsert, og synger av full hals i tretoppene, mens insektene dukker frem over alt under løv og blader.

Men menneskene sover enda.

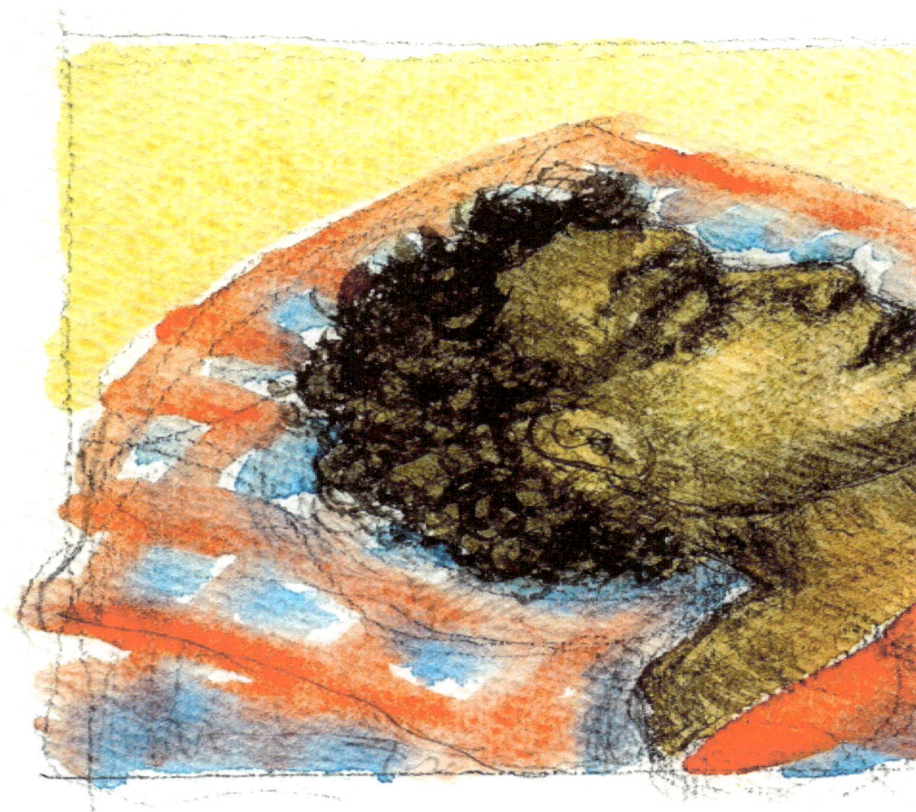

En blomsterflue strekker vingene sine og koser seg i solen

"Vakkert vær i dag," sier den til en døgnflue som kryper frem under et løvblad.

"Det er bedre enn alt regne-været i går."

"Jeg blåser i været som var i går," sier døgnfluen,

"og det er det samme for meg hva slags vær det blir i morgen."

En flott, rød marihøne med fem
sorte prikker har slått seg ned på
en sjasmingren, og koser seg
med bladlus.

**To gullbasser sitter
fredelige og slikker plantesaft
av en prestekrage.**

"Æsj, der kommer den ekle spyflua," sier blomsterflua.

"Du burde ikke mobbe noen," sier døgnflua.

"Vi fluer   har så mange fiender,
at vi burde være venner.
Bare se opp,   like over hodet
ditt!

Å huff, og uff!"

En stor ulve-edderkopp
begynner dagens arbeide.

Den har spunnet et stort
nett mellom to greiner.
Byggverket er så kraftig at
en vindkule som plutselig
kommer, ikke klarer annet
enn å få trådene til å
svaie lett.

Edderkoppen ser ut som
en redningsmann der den
firer seg ned. Nesten som
en mann som henger under
et redningshelikopter.

"Edderkopper er livsfarlige.
De fanger flere av oss
fluer enn alle småfuglene
gjør tilsammen."

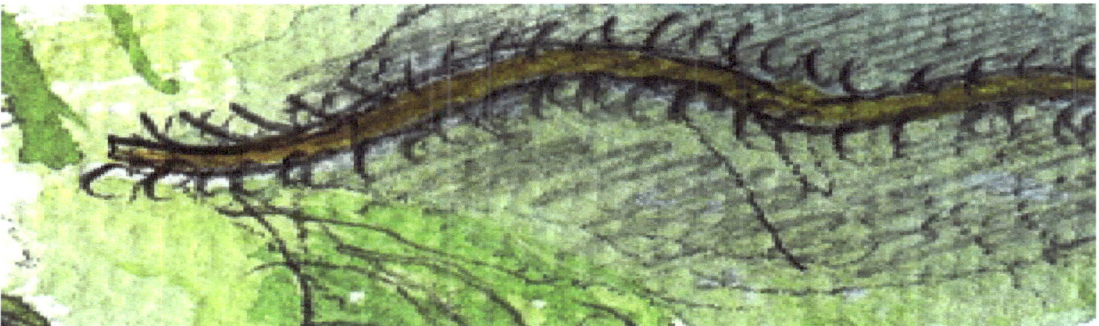

Framunder en stein dukker det opp en skolopender, men den får ikke øye på de to fluene der den løper videre. De lange beina dens gjør at farten er stor.

"Flott at den forsvinner," sier blomsterflua.

"Jeg har lest at den har dobbelt så mange bein som tusenbeinet."

"Javel, ok, da! Så har den minst fem hundre," sier døgnflua.

"Jeg klarer meg godt med mine fire."

To smeller står og stanger
mothverandre.   De likner
to iltre   bisonokser, klare
til kamp.

En humle brummer, og hopper fra den ene blomsten til den andre.

"Jeg liker humler," sier blomsterflua, "den er en slags kusine av meg. Både humla og jeg er fredelige av oss, og vi skader ingen av våre medskapninger.

Vi drikker nektar og lar alle
andre være i fred. Men
vepser kan jeg ikke fordra."

"Til å være så fredelig synes jeg du er svær til å mobbe. Hva i all verden har veps gjort deg?"

**Over dem kommer det rop
om hjelp fra en stor
summende husmygg, som
sitter klistret i nettet.**

Edderkoppen sitter musestille og bare venter. Men nå klatrer den i full fart oppover tråden.

"En mygg mindre i verden, er bra," sier blomsterflua og fortsetter. "Den suger blod både av mennesker og dyr. Den virker nokså ekkel ."

"Klart han må det,"
summer døgnflua.

"Han må det for å leve! Ikke
alle kan drikke bare nektar
slik som du!"

En
hagesnile
kommer
vandrende.

Den har
huset
sitt på
ryggen.

IS-93

"Jeg så engang en snile som

spiste stein," sier blomsterflua.

"Den ville verken ha blod eller nektar. Den levde virkelig av hard kost.

"Til å ha levd i så mange år, er du virkelig dum," sier døgnflua.

"Snilen slikker stein for å finne kalk slik at den kan bygge huset sitt. Ellers så spiser den gress og råtne plante-deler. Noen sniler spiser også meite-mark."

"Sniler spiser ikke fluer, vel?"
Blomsterflua lurer på noe
hele tiden.

"Det kan jeg ikke tenke meg,"
kommer det trøtt fra døgnflua.

«Men hvordan kan du vite
allting når du bare lever et
døgn?" Blomsterflua snur
hodet mot døgnflua.

«Det er ikke så viktig hvor
mange døgn en flue lever,
vel? Det er mer meningsfullt
hvordan jeg bruker tiden
min," kommer det fra
døgnflua.

Tre maur kommer bærende
på en stor pinne som veier
mange ganger deres egen
vekt. Sterke karer!

Overalt i hagen summer
det av insekter.

Men plutselig går det som
et sus gjennom vege-
tasjonen! Alle insektene
roper til hverandre.

"Pass opp! Det er fare på
ferde!"

Alle insekter har et språk
som bare insekter skjønner.
Nå er insektene plutselig
blitt venner. Det dundrer i
store støvler. Det knaker i
lyng, tunge skritt nærmer
seg.

"Det er Alexander som
kommer! Han er farlig!

"Han fanget broren min
engang!" hvisker skolo-
penderen og kryper i le under
et løvblad.

En vakker grønn åme til lugustersvermeren skynder seg å finne dekning

"Jeg blir aldri en nydelig sommerfugl om Alexander finner meg," sier den redd til seg selv.

Hagen, som frem til nå hadde vært full av liv, blir taus, og alle insektene forsvinner sporløst

Alexander lister seg frem mellom blomstene med en stor boks i hånden.

Nå er det akkurat som om alle småkrypene roper:

"Hva skal du med den boksen, Alexander?"

"Jeg skal fange insekter i den," svarer Alexander.

"Hva skal du med insektene, Alexander?"

"Jeg skal stikke en nål gjennom dem og ha dem i samlingen min."

"Men synes du virkelig det er pent gjort, Alexander?" skriker insektene.

"Idag er det visst ingen insekter ute. Jeg skal forresten bli en berømt insektsforsker en dag."

Under et løvblad hadde blomsterflua og døgnflua gjemt seg. "Jeg vil i hvertfall ha resten av dagen min i fred," reflekterer døgnflua.

Marihøna har i mellomtiden klatret i full fart opp i toppen av kirsebærtreet.

"Alexander kan komme etter og ta meg om han kan," ler hun.

Hun vet godt at grenene er altfor tynne til at Alexander klarer å klatre etter og gripe henne.

Gullbassene har også satt seg høyt oppe i toppen. De hvite kirsebærblomstene virker fristende.

Bare spyflua blir rolig sittende nede på bakken.

"Ingen liker meg, så jeg føler meg trygg her."

Humla flyr sin vei.

Men vepsen surrer rundt ørene
til Alexander.

"Jamen er vepsen modig," sier døgnflua

"Han er grei å ha noen ganger," tjirer blomster-flua tilbake.

"Det finnes nok ingen insekter i dag," sukker Alexander.

Han setter fra seg boksen og rusler ut av hagen.

Men, så snart han er forsvunnet, kommer alle insektene i gang igjen med sine daglige gjøremål. Og gull-bassene klatrer ned fra toppen sin og smaker på de hvite kirsebær-blomstene.

**Bedre lykke neste gang,
Alexander**

Skrevet av Astrid Olsen (Hippokrene)
1999 sammen med oldebarn Alexander.
Illustrert av Inger Svindahl
Sats og produksjon:
Faarikaal Forlag 2016
Originalen ble opprinnelig utgitt
privat i 1999.
ISBN: 978-82-690248-3-8

Printed by CreativeSpace,
An Amazon.com Company
Available from Amazon.com, CreateSpace.com and
other retail outlets

www.ingramcontent.com/pod-product-compliance
Lightning Source LLC
Chambersburg PA
CBHW060839270326
41933CB00002B/134